DROITS

DE

STATIONNEMENT

SUR LE DOMAINE PUBLIC

PAR

A. HOCQUET

CONSEILLER MUNICIPAL

PARIS

BUREAU DU *Journal des Conseillers municipaux*

15, RUE DU BOULOI

1888

DROITS DE STATIONNEMENT

SUR LE DOMAINE PUBLIC

DROITS

DE

STATIONNEMENT

SUR LE DOMAINE PUBLIC

PAR

A. HOCQUET

CONSEILLER MUNICIPAL

PARIS

BUREAU DU *Journal des Conseillers municipaux*

15, RUE DU BOULOI

—

1888

PARIS. — IMPRIMERIE RICHER ET Cⁱᵉ, 15, RUE DU BOULOI.

I

Quand on s'occupe de l'attribution aux communes du produit des droits de stationnement et de
location sur le domaine public, il faut remonter,
comme l'a fait M. Le Guay, commissaire du gouvernement au Sénat, le 12 mars 1884, à la loi du
11 frimaire an VII qui, la première, a énuméré
les produits constituant les recettes communales.

L'article 7 de cette loi disait très explicitement :

« Les recettes communales se composent du pro-
« duit de la location des places dans les halles, les
« marchés et chantiers, sur les rivières, les ports et
« les promenades publiques, lorsque les administia-
« tions auront reconnu que cette location peut avoir
« lieu sans gêner la voie publique, la navigation, la
« circulation et la liberté du commerce. »

Cet article confondait, on le voit, ce qu'on a
distingué depuis, le droit de place et le droit de
location ; il semble en effet qu'il n'y ait pas à
tenir compte, en principe, de la question de durée
comme on le fait aujourd'hui ; le droit de place,

c'est une location parfois de courte durée, mais c'est toujours une location.

Il détermine aussi très nettement le rôle *des* administrations dans cette question : « elles doi- « vent s'assurer que cette location peut avoir « lieu sans gêner la voie publique, la navigation, « la circulation et la liberté du commerce. »

C'est le même rôle que rappelle très certaine- ment la circulaire du Ministre de l'Intérieur en date du 15 mai 1884 expliquant la loi municipale.

Il y aurait lieu parfois de rappeler la limite de cette intervention aux employés des administra- tions, tentés trop souvent de grandir l'importance de leurs attributions en suscitant des difficultés étrangères aux avis qu'ils sont appelés à donner.

Avec un texte aussi clair que celui de la loi de l'an VII, comment se fait-il que les communes n'aient pas revendiqué immédiatement cette fructueuse source de revenus qui devait ali- menter leurs finances ? Comment ont-elles laissé l'Etat se substituer à la plupart d'entre elles dans ce droit de perception ?

Comment peut-on comprendre surtout que les employés de l'État aient perçu un droit qui ne lui, revenait pas, et que la loi attribuait formellement aux communes ?

Les premiers qui s'y sont hasardés n'ont pas craint paraît-il, et leurs successeurs n'ont pas craint davantage, la répression formulée dans l'article 174 du Code pénal, qui cependant n'est pas tendre à leur égard. Voici ce qu'il dit :

« Art. 174. — Tous fonctionnaires, tous officiers
« publics, leurs commis ou préposés, tous percep-
« teurs des droits, taxes, contributions, deniers,
« revenus publics ou communaux et leurs commis
« ou préposés qui se sont rendus coupables du crime
« de concussion en ordonnant de percevoir, ou en
« exigeant ou en recevant ce qu'ils savaient n'être
« pas dû ou excéder ce qui était dû pour droits,
« taxes, contributions, deniers ou revenus, ou pour
« salaires ou traitements, seront punis, savoir : les
« fonctionnaires ou les officiers publics, de la peine
« de la réclusion ; et leurs commis ou préposés, d'un
« emprisonnement de deux ans au moins et de cinq
« ans au plus.

« Les coupables seront de plus condamnés à une
« amende dont le maximum sera le quart des resti-
« tutions et des dommages-intérêts, et le minimum,
« le douzième.

Pour expliquer une violation aussi flagrante et
aussi périlleuse de la loi, il faut ne pas perdre
de vue la ténacité des agents du fisc à augmenter
leurs recettes.

« De ce que le droit des communes était soli-
« dement établi sur les textes législatifs, est-ce
« à dire que nos communes ont toujours mangé
« en paix ces fruits du domaine public ?

« Il faudrait méconnaître le zèle infatigable
« des agents du fisc ! L'administration des
« domaines, toujours à la recherche de la matière
« imposable, et quelquefois aussi, comme dans
« le cas particulier, de la matière imposée, mais
« pour d'autres que pour elle, n'a pas pris faci-
« lement son parti d'une mesure qu'elle considé-

« rait comme funeste pour les finances de l'Etat. (M. Le Guay, Sénat, 12 mars 1884).

Mais ce premier empiètement n'a réussi que grâce à la profonde inexpérience des premiers administrateurs des communes, et plus tard, à l'indifférence de ceux qui leur ont succédé, à leur ignorance de la loi.

Cette indifférence, cette ignorance se perpétuent puisque, de notre temps encore, la violation de la loi continue.

La loi municipale du 18 juillet 1837 était venue cependant donner aux communes un nouvel appui, comme le proclame parfaitement un arrêt de principe du Conseil d'État de 1848.

Voici le texte de la loi :

Article 31. — Les recettes des communes sont ordinaires ou extraordinaires.

Les recettes ordinaires des communes se composent :

1° . . . .

6°. — Du produit des droits de place perçus dans les halles, foires, marchés, abattoirs, d'après les tarifs dûment autorisés ;

7°. — Du produit des permis de stationnement et des locations sur la voie publique, sur les ports et rivières, et autres lieux publics.

En comparant ce texte avec la rédaction de l'an VII, on reconnait :

1° Qu'en outre du droit de place dans les halles et marchés, la loi nouvelle a imposé les permis de *stationnement* et les *locations*, faisant ainsi une distinction qui n'avait pas été faite en l'an VII, mais accordant aux communes le droit de perception dans les deux cas ;

2° Que le droit des communes est étendu à l'extrême limite puisque, en l'an VII, ce droit ne s'exerçait que sur les rivières, ports et promenades publiques tandis que, en 1837, il s'exerce sur la voie publique, sur les ports et rivières et autres lieux publics.

Ce dernier membre de phrase surtout : *et autres lieux publics* indique bien toute l'étendue que le législateur a voulu donner à sa pensée.

Remarquer aussi l'expression : produit *des* permis de stationnement et *des* locations, qui désigne sans restriction tous les stationnements, toutes les locations sur le domaine public.

Il n'est pas inutile de rappeler que par domaine public, il faut entendre également celui qui appartient aux communes, aux départements et à l'État.

Il faudrait, semble-t-il, désespérer à tout jamais de comprendre la langue française, si un texte de loi aussi clair était jugé avoir besoin d'interprétation. Il n'y a aucun doute à avoir : tous les stationnements, toutes les locations sur toutes les parties du domaine public doivent bénéficier aux communes.

Et néanmoins les contestations surgirent nombreuses, les interprétations furent jugées indispensables lorsque certaines communes, en trop petit nombre, voulurent profiter de la loi. Toutes les juridictions, y compris le Conseil d'État, furent appelées à se prononcer pour conserver aux communes les revenus que l'État, pour une partie au moins, voulait détenir contre tout droit.

M. Le Guay raconte que, dès 1828, la ville de Bordeaux avait eu à se défendre et avait obtenu gain de cause devant la Cour de cassation, contre l'administration des domaines (arrêt du 22 juin 1830).

Il y eut des tiraillements incessants entre les différentes administrations elles-mêmes ; le ministre de l'intérieur, tuteur naturel des communes se trouvait obligé de les soutenir contre les difficultés opposées par le ministère des travaux publics et surtout contre les prétentions fiscales du ministère des finances.

Ces nombreux empêchements qu'éprouvaient les communes dans l'application d'une loi toute en leur faveur, avaient frappé les hommes sérieux qui s'occupent d'administration communale, quand survinrent, en 1882, les projets de réorganisation municipale.

La nouvelle loi qui en résulta formant actuellement la base des droits communaux au point de vue que nous traitons, mérite un examen un peu plus développé.

Les projets primitifs de cette loi, dus à l'initiative parlementaire, furent renvoyés à la commission déjà chargée par la Chambre d'étudier la question et de préparer un projet de loi.

Le rapport de cette commission fut confié à

M. de Marcère ; la discussion en première lecture commença le 8 février 1883.

Les droits de stationnement et de location sur le domaine public étaient compris dans l'article 108 ainsi conçu :

Art. 108. — Les recettes du budget ordinaire se composent :

..... 7ᵉ.—Du produit des permis de stationnement et de location sur la voie publique, sur les ports et rivières et autres lieux publics.

C'était la reproduction identique de la loi de 1837 et la consécration du droit des communes établi dès l'an VII.

En première délibération, cet article, qui passa dans la séance du 26 février 1883, ne donna lieu à aucune observation.

En deuxième délibération, ôn discuta déjà sur la question ; c'était dans la séance du 29 octobre 1883, l'article 108 était devenu l'article 135.

Tout d'abord la question paraît n'avoir pas été très bien connue par le rapporteur de la commission ; il avait consenti à transmettre à la Chambre la demande qui lui avait été faite de restreindre au seul domaine communal, le droit de perception ; il lui paraissait évident que le produit des permis de stationnement ne dépendant pas de ce domaine, ne pouvait entrer dans la caisse de la commune.

Il semble donc bien que l'attention de M. de Marcère ne s'était pas arrêtée sur la législation relative à ce sujet.

Le sous-secrétaire d'Etat, M. Develle, démontra en peu de mots le péril de cette idée et demanda que la question fût élucidée, il aurait pu dire étudiée.

Le rapporteur se rangea immédiatement à cet avis et le paragraphe fut renvoyé pour un meilleur examen.

Il revint à la séance du 6 novembre; le rapporteur déclara que « sur une note du gouvernement » la commission renonçait à toute limitation à ce sujet, qui pourrait amener des inconvénients pour les communes.

Le texte primitif fut adopté.

Transmis au Sénat, le projet de loi, dans la partie qui nous intéresse, subit, de la part de la commission sénatoriale une modification assez grave.

Les mots *et de location* furent supprimés et remplacés par ceux-ci : *et des droits de place.*
C'était dans l'article 136.

Dans la séance du 14 février 1884, M. Faye, sénateur demande à la commission si, par cette nouvelle rédaction, on doit considérer toutes les locations sur le domaine public comme devant profiter à l'Etat, désormais exclusivement et sans contestation.

Le rapporteur, M. Demôle, déclare que telle est la pensée qui a inspiré la commission. Il regrette cependant l'absence du représentant du ministère de l'intérieur qui avait annoncé devoir critiquer la rédaction nouvelle proposée au Sénat.

A défaut de contradicteur et malgré l'intervention favorable aux communes de M. le président du Sénat, cette assemblée adopte le texte de sa commission, remettant à la deuxième délibération la modification qui serait jugée nécessaire.

Cette discussion du 14 février, en définitive, fut hostile au droit des communes ; il y a lieu d'en retenir en particulier la distinction que cherchait à établir M. Faye, d'après laquelle les droits de place reviendraient aux communes, et les droits de location, à l'Etat.

Mais c'est à la deuxième délibération de la loi au Sénat, que se produit sur la question la discussion la plus sérieuse et la plus complète.

Dans la séance du 12 mars 1884, M. Le Guay, commissaire du gouvernement, représentant le ministre de l'intérieur, prend énergiquement la défense des communes contre les prétentions des agents du fisc.

Dans une argumentation très serrée il établit nettement d'abord les conséquences de la rédaction adoptée en première lecture par le Sénat, par laquelle le produit de toutes les locations serait attribué à l'Etat, à l'exclusion des communes, contrairement à ce qu'avait adopté la Chambre des députés.

S'appuyant ensuite sur la loi de l'an VII, point de départ de notre organisation municipale, sur les lois municipales de 1837 et de 1867, les lois de finances de 1872 et 1884, les arrêts de la cour de cassation et du conseil d'Etat, sur les jugements ou décrets rendus en faveur des communes à diverses époques, il n'a pas de peine à démontrer que cette doctrine, suscitée à la commission sénatoriale par le sous-secrétaire d'Etat aux finances, est en contradiction formelle avec la législation actuelle et la jurisprudence. Il donne des exemples et cite des faits nombreux.

M. Léon Clément essaie de défendre la rédaction de la commission ; M. Munier, M. Barne et plusieurs autres sénateurs l'interpellent assez vivement.

M. Barne demande le rétablissement du texte voté par la Chambre des députés.

M. Baragnon demande que le ministre des finances et le ministre de l'intérieur se mettent d'accord de façon à présenter au Sénat l'opinion du gouvernement.

M. Le Guay, commissaire du gouvernement, remonte à la tribune et déclare être l'interprète de l'opinion gouvernementale.

Le rapporteur, de son côté, déclare que la commission se rallie à l'amendement de M. Barne, c'est-à-dire qu'elle accepte le texte primitif voté par la Chambre des députés.

Sur la demande de M. Ancel, on ajoute seulement aux mots ports et quais l'épithète de *fluviaux*, et le Sénat adopte le paragraphe 7 dans les termes ci-après :

7° Du produit des permis de stationnement et de location sur la voie publique, sur les rivières, ports et quais fluviaux et autres lieux publics.

Revenu à la Chambre en troisième délibération dans la séance du 21 mars 1884, au Sénat également en troisième délibération le 29 mars, et de nouveau à la chambre pour la quatrième fois, le 31 mars, ce texte, devenu définitif, passe sans observation.

Ce n'est donc qu'après mûre réflexion, après une discussion approfondie et contradictoire, que cette disposition de la loi a été adoptée ; on serait mal venu à prétendre que c'est par surprise qu'elle a été votée : c'est au contraire en pleine connaissance de cause et après avoir apprécié les conséquences de sa résolution, que le Parlement a voulu donner aux communes tous les droits en question, dans toutes les circonstances et sur toutes les parties du domaine public. Le texte n'offre dans sa rédaction aucune limitation ni réserve, et l'on devait croire que désormais il n'y aurait plus ni contestations ni empêchements, et qu'il ne serait plus besoin d'interprétations de la part des tribunaux ou du Conseil d'Etat.

Nous devons constater cependant que les difficultés continuent aujourd'hui

II

Après avoir étudié les lois successives qui établissent le droit des communes, et qui se résument en une seule, la loi municipale du 5 avril 1884, il y a lieu d'examiner les objections présentées par les agents de l'État contre l'application pure et simple de cette loi.

On pouvait espérer que la circulaire ministérielle du 15 mai 1884, explicative de la loi, aurait dissipé toutes les obscurités, éloigné les conflits : il n'en est rien.

Au sujet des droits de stationnement, elle est parfois hésitante, ambigüe ; on y retrouve la trace de la vieille argumentation déployée sous la législation antérieure : après avoir proclamé le droit des communes, elle parle encore de l'avis du Conseil d'État du 30 novembre 1882, et s'attarde à citer le cas particulier des kiosques de journaux.

Le ministre s'était montré au parlement plus résolument le protecteur des communes.

1°. - « Il n'y a rien de changé, disent les fonc-« tionnaires, à la législation ancienne, et le « Domaine doit *continuer* la perception des droits « de stationnement et de location. »

La première partie de cette assertion est seule vraie, et la seconde n'en ressort pas nécessairement.

Certes, il faut non seulement le reconnaître, mais le proclamer hautement et en faire argument pour nous : il n'y a rien de changé à la législation et cela veut dire que le droit est établi encore aujourd'hui comme il l'a été par la loi de l'an VII.

Cette loi était précise et catégorique et toutes les autres ne le sont pas moins. Il n'est pas possible de reconnaître à de simples décisions, arrêts ou arrêtés, à des décrets même, le pouvoir de supplanter des lois organiques dont les prescriptions constituent la base de l'administration municipale.

Si l'administration des finances a perçu les revenus aux lieu et place des communes, ce n'est pas en vertu de la loi ; c'est seulement par suite de l'abandon des véritables ayant droit ; rien ne l'autorise à *continuer* cette perception.

2° On a parlé souvent de l'autorisation supérieure nécessaire aux communes pour percevoir les droits en question.

Cette nécessité est évidente, mais il faut s'entendre à ce sujet.

Ce n'est pas l'autorisation de percevoir les droits, qui est obligatoire ; cette autorisation est écrite dans toutes les lois relatives à la question, lois de finances ou d'organisation communale.

C'est l'autorisation du stationnement ou de la location qui est nécessaire.

C'est bien ainsi que le comprenait la loi de l'an VII en disant : « .... Lorsque les adminis-« trateurs auront reconnu que cette location « peut avoir lieu sans gêner la voie publique, « la navigation, la circulation et la liberté du « commerce. »

L'article 68 de la loi du 5 avril 1884 ne prescrit l'autorisation de l'autorité supérieure que lorsqu'il s'agit des stationnements sur la grande voirie, mais il ne met pas en doute le principe du droit pour les conseils municipaux d'établir les taxes de l'article 133.

Ce principe est également proclamé dans l'article 98 de la loi, ainsi que le constate la circulaire du 15 mai.

Les prescriptions auxquelles se trouve subordonnée l'autorisation peuvent se résumer en deux mots : ne pas gêner le passage, ne pas exagérer les tarifs.

L'administration supérieure peut accorder ou refuser l'autorisation d'occuper le domaine public, mais dès lors qu'elle permet l'occupation le produit en revient aux communes.

3° Mais le grand cheval de bataille de l'opposition aux communes, c'est l'avis de principe du conseil d'Etat du 30 novembre 1882.

De cet avis il résulte :

« Que l'application des tarifs de redevances « au profit des communes ne peut avoir pour « objet des occupations qui entraînent une « emprise sur le domaine public ou qui en mo- « difient l'assiette. »

Chacun s'attache à cet avis comme à une planche de salut, les agents de l'administration des finances et ceux des travaux publics ainsi que leurs ministres ; les législateurs eux-mêmes l'ont invoqué pendant l'élaboration de la loi municipale. Et on s'y attache d'autant plus qu'il donne une demi-satisfaction à ceux qui désespéraient d'en obtenir aucune.

Par ces expressions d'*emprise* et de *modification du sol*, le conseil d'Etat venait en effet de trouver une formule au moyen de laquelle les agents de l'administration pouvaient soutenir leurs prétentions devant les contribuables.

Il venait d'apporter ainsi une altération profonde aux lois de l'an VII et de 1837 : il accordait à l'Etat ce que ces lois avaient accordé **aux** communes.

Il paraissait bien laisser à ces dernières toutes les perceptions où il n'y avait pas emprise, mais outre le peu d'importance des recettes qui restaient ainsi aux communes, la délimitation des cas où il y avait emprise ou pas emprise était difficile à établir et les agents du fisc surent trancher le plus souvent le litige à leur avantage.

Il faut bien reconnaître que la haute assemblée, subissant sans doute des influences gouvernementales contraires aux intérêts des communes, ne se renfermait plus dans son rôle d'interpréter la loi : elle en changeait complètement l'intention et, par suite de l'usage qui fut fait de l'avis de principe, on peut dire que la loi fut supprimée

C'est alors que la loi du 5 avril 1884 dut ramener les choses en l'état qu'avaient voulu les législateurs précédents : le droit des communes fut discuté longuement, l'opinion des tribunaux et l'interprétation du Conseil d'Etat furent exposées à la tribune, le gouvernement donna son avis qui était favorable et, en fin de compte les communes obtinrent gain de cause dans la plus large mesure.

Ne faut-il pas alors considérer désormais comme caducs l'arrêt du 8 avril 1832 et l'avis de principe du 30 novembre 1882 ?

Le Conseil d'Etat reconnait d'ailleurs lui-même aujourd'hui l'autorité de la loi de 1884, et il donne un avis favorable aux demandes d'homologation des tarifs des communes.

4°. — Comme argument contraire à son application, on a poussé jusqu'à l'absurde les conséquences de l'article 133 de la loi municipale,

On a dit :

« Mais alors vous voulez prendre les revenus
« de tout le domaine public ; vous aurez le pro-
« duit des coupes de bois, de la location des
« chasses, bâtiments, prairies, etc. appartenant
« à l'Etat ou aux départements.

Les communes n'émettront certainement jamais aucune prétention sur les palais nationaux tels que Versailles, Fontainebleau, Rambouillet ou Saint-Germain, ni sur le produit de leurs parcs et bois ; peut-être non plus sur les droits de pêche ou de chasse qui sont cependant de véritables locations.

Non plus sur les grands domaines, fermes, bâtiments, champs ou prairies, landes ou grèves.

On pourrait peut-être établir une distinction que nous ne voulons esquisser ici qu'avec les plus expresses réserves :

Tout ce qui est construit, enclos, cultivé ou exploité par l'Etat ou les départements et que le public ne fréquente pas librement, paraît devoir être considéré comme leur propriété exclusive, et ne pas rentrer conséquemment dans la catégorie soumise aux droits appartenant aux communes.

Mais il est certaines parties du domaine public formellement désignées déjà dans la loi sur lesquelles le doute n'est pas possible et dont les ommunes doivent revendiquer les droits de stationnement, locations, baux et fermages.

Ce sont :

La *voie publique,* c'est-à-dire tout terrain affecté à la circulation du public. Il faut comprendre sous cette appellation toutes les routes appartenant à l'Etat ou aux départements, les chemins de hâlage, les chemins de grande communication, chemins d'intérêt commun, vicinaux et autres avec leurs annexes et dépendances, fossés, talus, garages, eaux, terres, herbes et bois y attenant avec tout ce qui y stationne ou y fait l'objet d'une location ;

Les *rivières,* leur cours principal, les bras, dérivations et canaux secondaires qui en dépendent, avec les bords rives ou berges jusqu'au sommet des talus ou jusqu'aux confins des propriétés particulières riveraines, également tout ce qui y séjourne ou s'y trouve loué, bateaux-lavoirs, bains, dépôts, etc ;

Les *ports* et *quais fluviaux* et leurs annexes.

Enfin les *autres lieux publics* peuvent comprendre les champs de foires, halles et marchés, chantiers et abattoirs, les promenades publiques, mails et cours, les ponts et autres terrains ordinairement ouverts et accessibles au public.

Cette nomenclature sommaire se trouvera complétée dans une certaine mesure, par le spécimen de tarif que nous donnons ci-après.

III

Après avoir fait l'historique de la question des droits de stationnement et de la loi de 1884 qui en confirme l'attribution définitive aux communes ; après avoir répondu à quelques unes des principales objections faites à ce sujet, nous voulons signaler aux municipalités les ressources qu'elles en peuvent tirer pour leur budget.

Toutes les communes sans exception sont intéressées à se préoccuper de ce qui peut être fait chez elles à cet égard. Nous n'avons pas ainsi l'intention de les inciter à l'établissement de taxes nouvelles là où il n'en existe pas ; nous cherchons seulement à les mettre en situation de se substituer à l'Etat, s'il y a lieu, dans la perception des taxes déjà établies.

L'importance de cette question peut s'apprécier par le chiffre des perceptions faites par l'Etat de ce chef, et qui s'élève à 5,771,000 francs d'après l'assertion de M. Léon Clément au Sénat dans la séance du 12 mars 1884.

Les Conseils généraux ont souvent pris en main la question, et ont fait faire par les préfets, des recommandations aux communes pour qu'elles ne négligent pas cette source de revenus.

La procédure à suivre par les communes est indiquée assez longuement dans la circulaire du ministre de l'intérieur du 15 mai 1884 :

Le conseil municipal doit faire établir un tarif des perceptions à recouvrer, soit sur le domaine de l'Etat ou du département, soit sur le propre domaine de la commune s'il n'y en a pas déjà d'établi.

Celui que nous donnons plus loin n'a pas la prétention de satisfaire à tous les besoins ; il peut seulement donner des renseignements peut-être utiles. C'est celui d'une commune de 1,800 habitants, riveraine de la Seine, ayant déjà un autre tarif des droits de port établi de longue date.

Le tarif doit être délibéré et voté par le conseil.

Il est adressé ensuite à la préfecture ou sous-préfecture pour être soumis à la sanction du préfet s'il s'agit seulement de droits à percevoir sur la petite voirie ; mais il est rare qu'il ne se trouve pas de taxes à appliquer sur la grande voirie, et alors le tarif doit être soumis à l'homologation du chef de l'Etat.

Le tarif est l'objet d'une enquête. Il doit être accompagné d'un état de la situation financière de la commune.

Il est soumis par le préfet à l'avis des ingénieurs des ponts et chaussées, service terrestre et service des eaux, au point de vue des intérêts de la circulation ou de la navigation.

La circulaire ministérielle fait des recommandations pour que les taxes soient modérées et qu'elles soient calculées d'après les emplacements occupés, et non à raison de la valeur des objets qui y stationnent.

—

TARIF

Des taxes à percevoir pour droits de stationnement sur toutes les parties du domaine public se trouvant sur le territoire de la commune, voie publique, rivières, ports et quais fluviaux et autres lieux publics.

———

PREMIÈRE PARTIE. — CLAUSES GÉNÉRALES.

Article premier. — Le stationnement est annuel ou temporaire.

Tout stationnement de plus de trente jours, non compris le jour d'arrivée, est considéré comme annuel.

Les stationnements temporaires sont ceux de trente jours et au-dessous, non compris le jour d'arrivée.

Art. 2. — La perception de la taxe pour stationnement annuel se fait pour l'année entière sans fractionnement.

Le décompte de la taxe pour stationnement

temporaire a lieu par journée de minuit à minuit ; toute journée commencée comptant comme entière.

Art. 3. — La perception aura lieu de la manière suivante :

Pour les stationnements temporaires et pour ceux qui, bien que taxés comme annuels n'offriraient pas le caractère d'une durée prolongée ; pour les voyageurs n'habitant pas ordinairement la commune, pour les forains, pour les inconnus, la perception sera faite par les soins du préposé aux recettes du port, sur sa quittance à souche.

Dans le cas où il y aurait lieu à restituer une portion des droits perçus, il en serait fait mention sur la quittance et au dos du talon restant au registre du préposé.

Art. 4. — Pour ces perceptions, le préposé recevra une indemnité proportionnelle analogue à celle qui lui est accordée sur les droits du port, soit le cinquième de la recette.

Art. 5.   Pour les stationnements annuels affectant les caractères de prolongation suffisante, tels que pour les bateaux-lavoirs, pontons fixes, rampes d'accès, conduites d'eau, etc., la perception aura lieu par les soins du receveur municipal, comme pour les autres recettes de la commune, sur un état dressé chaque année par le maire, conformément aux articles 153, 154, 156 de la loi du 5 avril 1884.

Art. 6. — Les mariniers et maîtres de bateaux devront produire aux agents de la commune leur certificat de jaugeage et autres papiers, ou leur permettre les opérations de mesurage propres à établir le taux des droits à percevoir.

Art. 7. — Sont exempts du droit de stationnement :

1° Les bateaux de sauvetage ;

2° Les bateaux d'un train en remorque, pendant le temps employé au déchargement au port, de l'un d'eux, ce déchargement donnant droit à la perception des droits de port établis dans la commune.

3° Les bateaux en détresse par suite d'avaries, accident ou force majeure les empêchant de continuer leur route ; dans ce cas le marinier devra aussitôt que possible faire au préposé du port ou à la mairie la déclaration de l'instant et des causes de l'empêchement ;

4° Les bateaux qui, après leur stationnement, recevraient avant 24 heures l'avis d'une autre destination.

Art. 8. — Le tarif des droits de port établi par arrêté municipal et approuvé par le ministre de l'intérieur, continuera d'être appliqué concurremment avec le présent tarif, sans que jamais une taxe puisse être perçue deux fois pour le même objet sous prétexte des prescriptions de chacun des deux tarifs.

DEUXIÈME PARTIE. — TAUX DES TAXES

—

Stationnement annuel

F. C.

1. Bateaux - lavoirs, bateaux - logements, bains chauds, bains froids, bateaux-ateliers, bateaux couverts, magasins, docks et autres établissements à demeure, par mètre superficiel . . . . » 25

2. Pontons fixes sur les bords du fleuve, bacs, garages, boutiques à poisson, radeaux, ports particuliers, par mètre superficiel . . » 50

3. Escaliers ou rampes d'accès, passerelles, prises d'eau, ruisseaux de décharge, par unité. . . . . 2 »

4. Bateaux de pêche munis de plaques, bateaux en location, passeur, tireur de sable et autres bateaux servant à l'industrie des riverains, par unité. . . . . 1 »

5. Bateaux à vapeur de plaisance, bateaux faisant le service public de voyageurs. . . 15 »

6. Canots de plaisance à voiles ou à avirons, de toutes dimensions, l'unité. . . . . 5 »

7. Grues ou autres engins fixes ou mobiles établis sur les quais pour le chargement ou le déchargement des bateaux. . . . . 20 »

8. Bains découverts sans bateaux, le mètre superficiel. . . . . » 02

9. Enseignes. . . . . 5 »

10. Conduites d'eau ou autres, sous la voie publique, le mètre linéaire . . . . . . » 02

Stationnement temporaire

11. Remorqueurs, bateaux et chalands
chargés ou vides et trains, par mètre carré. » 005

12. Bateaux à vapeur de plaisance . . . » 50

13. Canots de plaisance à voiles ou à avirons, de toute dimension. . . . . » 10

14. Industriels établis sur la voie publique,
par mètre carré . . . . , . . » 05

15. Marchands forains, par mètre carré et
pour toute la durée de la foire. . . . . . » 10

Paris. — Imprimerie Richer et Cⁱᵉ, 15, rue du Bouloi.

PARIS. — IMPRIMERIE RICHER ET Cⁱᵉ, 15, RUE DU BOULOI.